나라를 위해 헌신한 사람들

정몽주

정혜숙 글·이미정 그림

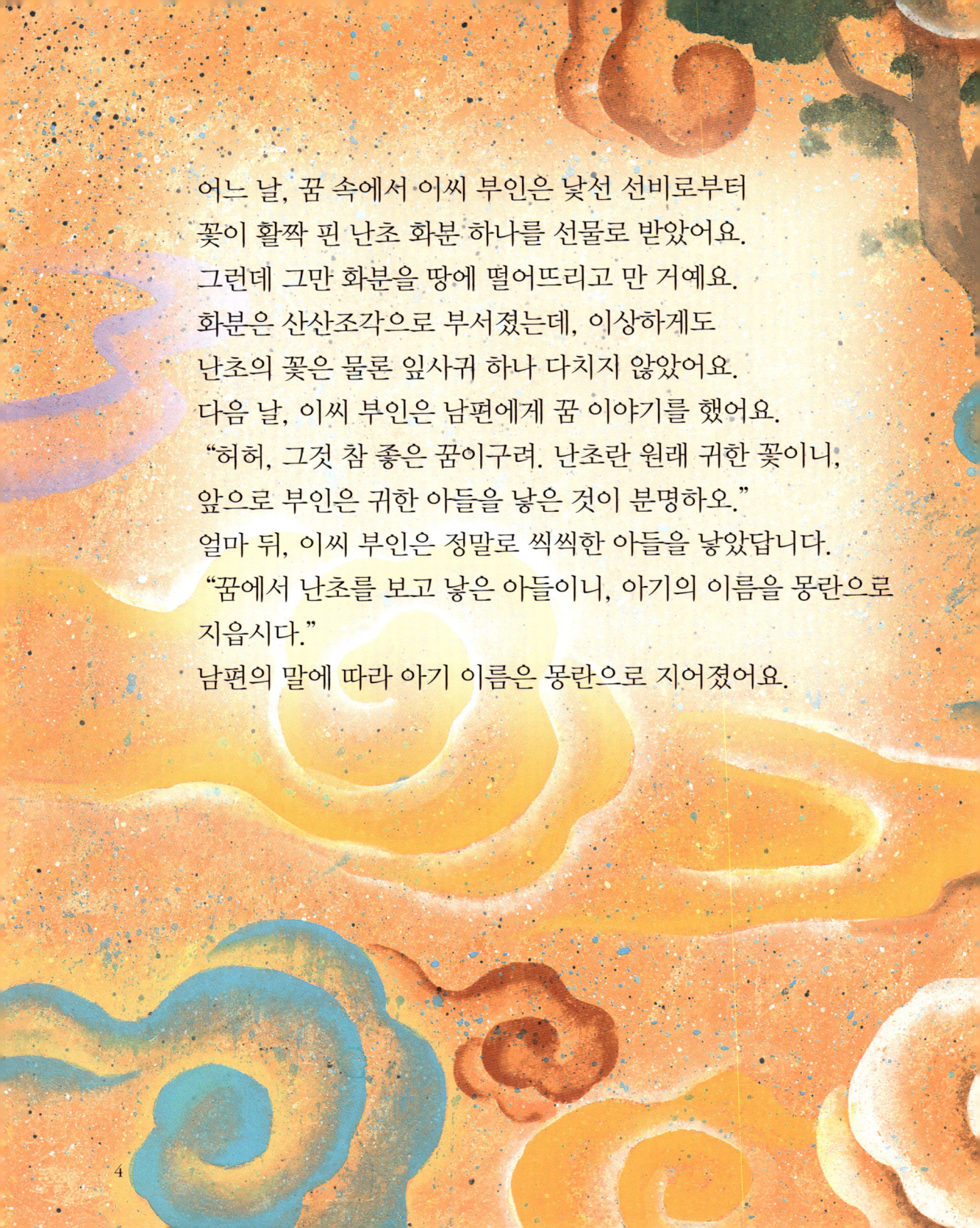

어느 날, 꿈 속에서 이씨 부인은 낯선 선비로부터
꽃이 활짝 핀 난초 화분 하나를 선물로 받았어요.
그런데 그만 화분을 땅에 떨어뜨리고 만 거예요.
화분은 산산조각으로 부서졌는데, 이상하게도
난초의 꽃은 물론 잎사귀 하나 다치지 않았어요.
다음 날, 이씨 부인은 남편에게 꿈 이야기를 했어요.
"허허, 그것 참 좋은 꿈이구려. 난초란 원래 귀한 꽃이니,
앞으로 부인은 귀한 아들을 낳은 것이 분명하오."
얼마 뒤, 이씨 부인은 정말로 씩씩한 아들을 낳았답니다.
"꿈에서 난초를 보고 낳은 아들이니, 아기의 이름을 몽란으로
지읍시다."
남편의 말에 따라 아기 이름은 몽란으로 지어졌어요.

어느 새 몽란은 건강하게 자라 아홉 살이 되었어요.
어느 날, 어머니는 잠깐 낮잠을 자다가 또 꿈을 꾸었어요.
용 한 마리가 나타나더니 마당에 있는 배나무에 올라앉았어요.
용은 배를 따 먹으면서 어머니를 내려다보는 거였어요.
어머니는 깜짝 놀라 잠에서 깨어났지요.
이상하게 여긴 어머니는 급히 마당으로 나가 보았답니다.
그런데 배나무 위에 몽란이 올라앉아 배를 따 먹고 있는 것이 아니겠어요?

이 이야기를 전해 들은 아버지는
웃으며 말했어요.
"이름에 난초의 '난' 자 대신 '용' 자를
넣는 것이 더 좋겠소!"
그 때부터 몽란의 이름은 '몽룡'
으로 바뀌게 되었답니다.

그 뒤, 아버지는 꿈 속에서 중국의 정치가 주공을 보았어요.
"몽룡은 훗날 이름을 길이 남길 테니, 소중히 키우시오."
그래서 아버지는 주공의 이름자를 따서 몽룡을 '몽주'라는 이름으로 고쳐 불렀답니다.
정몽주는 어려서부터 글공부에 남다른 재주를 보였어요.
하지만 어머니는 마음가짐이 더 중요하다고 가르쳤지요.
"의로운 일을 위해서는 불 같은 용기를 가져야 한다. 그것이 글재주보다 더 중요한 것이란다."
정몽주는 어머니의 말씀을 마음 깊이 새겼어요.
그리고 더욱 열심히 글을 읽고 시를 지었지요.

어느 날, 집안의 여자 종 하나가 눈물을 흘리고 있었어요. 정몽주는 다가가 그 이유를 물었지요.
"멀리 떨어져 있는 남편에게 편지를 보내고 싶지만, 글을 알지 못하여 이렇게 눈물만 흘리고 있답니다."
"그럼, 내가 대신 편지를 써 줄까?"
"어머, 도련님이 그렇게 해 주시겠어요? 그런데……."
"왜, 내가 너의 마음을 모를 것 같아서? 나도 글을 읽어 그런 마음이 어떤 것인지를 알지."
아홉 살밖에 안 된 정몽주는 어른스럽게 말했어요.
정몽주는 붓을 들어 한문으로 시를 썼어요. 그리고는 그 뜻을 여자 종에게 풀이하여 들려 주었지요. 여자 종은 정몽주의 글 솜씨에 크게 놀랐답니다.

그러던 어느 날, 정몽주에게 슬픈 일이 일어났어요.
정몽주를 매우 아끼던 아버지가 돌아가신 거예요.
'아, 효도도 다 하지 못했는데, 이렇게 돌아가시다니…….'
정몽주는 3일 동안 물 한 모금도 마시지 않고
통곡하여 주위 사람들을 놀라게 했어요.
그리고 3년 동안 아버지의 무덤 옆에 움막을 짓고 살며,
그 무덤에 아침 저녁으로 음식을 올렸어요.
그런 정몽주의 효성은 세상에 널리 알려졌지요.
이 소문은 나라의 임금님에게까지 들어갔답니다.
마침내 정몽주는 나라에서 주는 효자상을 받게 되었어요.
정몽주가 아버지의 무덤을 지키고 돌아왔을 때는
어느덧 스물한 살이 되어 있었지요.

어머니는 아들 정몽주를 반갑게 맞아 주었어요.
"그 동안 돌아가신 아버님을 모시느라 고생이 많았구나.
이제부터는 더욱 열심히 공부하거라.
그래야 나라를 위해 큰 일을 할 수 있을 것이다."
다음 날부터 정몽주는 다시 책을 잡고 열심히 공부했어요.
그 해 여름, 정몽주는 지방에서 보는 시험에
3등으로 합격하여 진사가 되었어요.
"여기에 만족하여 머물러서는 안 된다.
과거에 합격해야만 나라일을 볼 수 있지 않겠느냐?"
어머니의 간절한 말에 정몽주는 고개를 끄덕였어요.

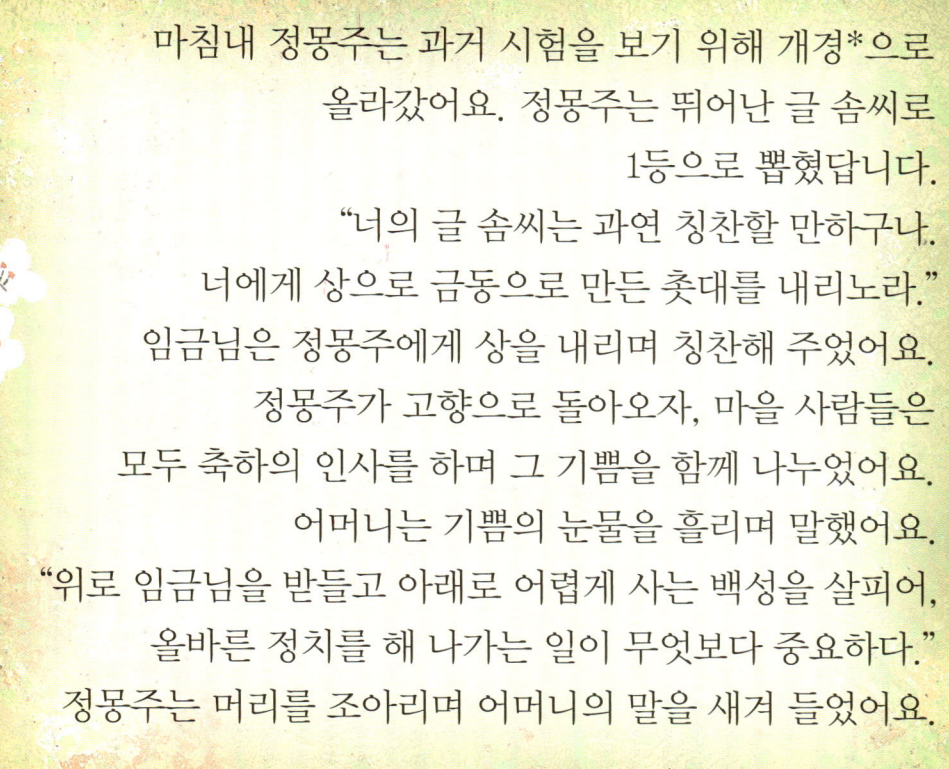

마침내 정몽주는 과거 시험을 보기 위해 개경*으로 올라갔어요. 정몽주는 뛰어난 글 솜씨로 1등으로 뽑혔답니다.
"너의 글 솜씨는 과연 칭찬할 만하구나. 너에게 상으로 금동으로 만든 촛대를 내리노라."
임금님은 정몽주에게 상을 내리며 칭찬해 주었어요.
정몽주가 고향으로 돌아오자, 마을 사람들은 모두 축하의 인사를 하며 그 기쁨을 함께 나누었어요.
어머니는 기쁨의 눈물을 흘리며 말했어요.
"위로 임금님을 받들고 아래로 어렵게 사는 백성을 살피어, 올바른 정치를 해 나가는 일이 무엇보다 중요하다."
정몽주는 머리를 조아리며 어머니의 말을 새겨 들었어요.

*개경 : 고려 시대의 서울이에요.

며칠 뒤, 어머니는 정몽주에게 보자기를 내밀었어요.
그 보자기를 풀자, 한 벌의 예복이 나왔어요.
"그 동안 과거에 합격하기를 바라면서 한 땀 한 땀 정성스럽게 지은 옷이란다."
"어머니의 은혜는 죽는 날까지 잊지 않겠습니다."
예복을 펼쳐 든 정몽주는 크게 놀랐답니다.

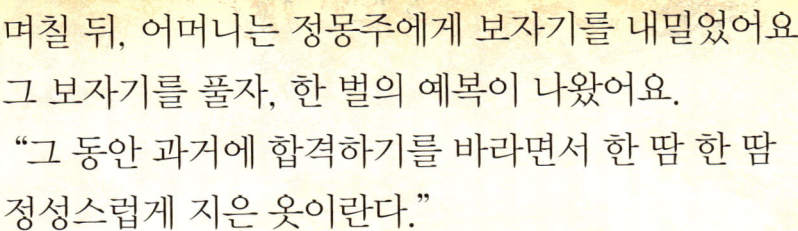

예복 안에 댄 천이 그 당시 남자 옷에는 쓰지 않던 붉은색이었기 때문이에요.
"몽주야, 내가 붉은색으로 한 것은 그 색의 뜻이 일편 단심, 즉 곧은 마음이기 때문이다."
그 때부터 정몽주는 옷의 안쪽에 늘 붉은 천을 대어, 어머니의 말을 잊지 않으려 했답니다.

정몽주가 명나라에 사신으로 갔다가 돌아오던 길이었어요.
갑자기 하늘이 컴컴해지더니 폭풍이 일기 시작했어요.
"큰일났다! 배가 부서진다!"
모두들 놀라서 소리쳤으나, 이미 때는 늦었어요.
배는 부서져 바다 아래로 가라앉고 말았답니다.
정몽주와 다른 사신 한 명만이 널빤지에 매달려 사람이 살지 않은 섬에 닿았어요.
'여기서 살아난다면 반드시 보람 있는 일을 하다가
죽을 것이다!'
정몽주는 바닷가에서 조개를 주워먹으며 이렇게 결심했어요.
마침내 두 사람은 13일 만에 명나라의 배에 의해 구조되었어요.
그 뒤, 그 때의 결심은 늘 정몽주의 가슴 속에 남아 있었답니다.

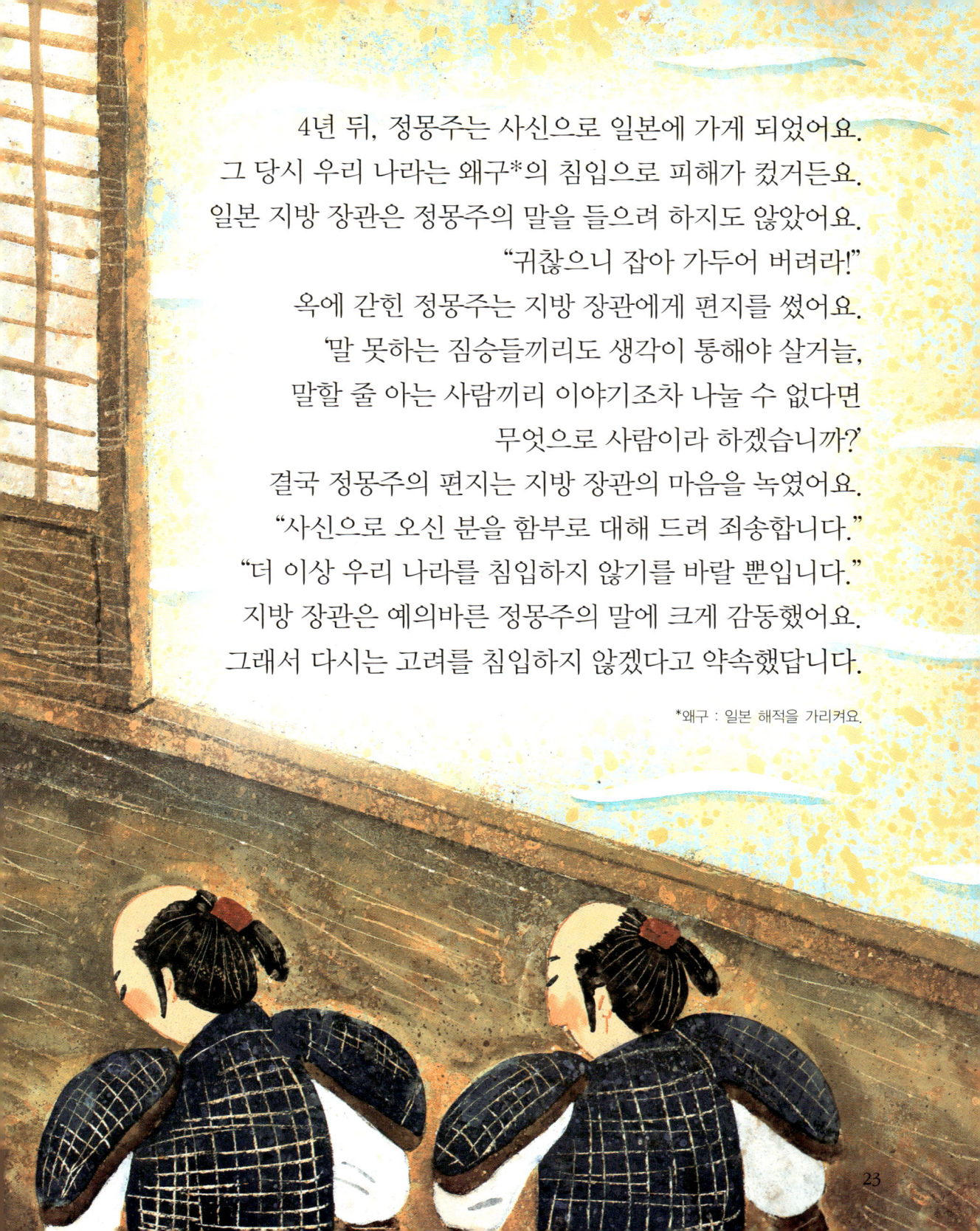

4년 뒤, 정몽주는 사신으로 일본에 가게 되었어요.
그 당시 우리 나라는 왜구*의 침입으로 피해가 컸거든요.
일본 지방 장관은 정몽주의 말을 들으려 하지도 않았어요.
"귀찮으니 잡아 가두어 버려라!"
옥에 갇힌 정몽주는 지방 장관에게 편지를 썼어요.
'말 못하는 짐승들끼리도 생각이 통해야 살거늘,
말할 줄 아는 사람끼리 이야기조차 나눌 수 없다면
무엇으로 사람이라 하겠습니까?'
결국 정몽주의 편지는 지방 장관의 마음을 녹였어요.
"사신으로 오신 분을 함부로 대해 드려 죄송합니다."
"더 이상 우리 나라를 침입하지 않기를 바랄 뿐입니다."
지방 장관은 예의바른 정몽주의 말에 크게 감동했어요.
그래서 다시는 고려를 침입하지 않겠다고 약속했답니다.

*왜구 : 일본 해적을 가리켜요.

하지만 얼마 뒤, 왜구가 또 우리 나라를 침입해 왔어요.
정몽주는 총지휘관인 이성계를 도와 왜구를 크게
무찔렀어요. 그러나 1388년, 랴오둥을 치려고 떠났던 이성계는
위화도에서 군사를 되돌려 개경 궁궐로 돌아왔어요.
이성계는 임금님을 귀양 보내고 새 왕조를 세울 계획을 세웠지요.
이제 고려 왕조는 바람 앞의 등불이 되고 말았어요.
'나마저 물러나면 흔들리는 고려를 바로잡을 수 없을 것이다.'
정몽주는 끝까지 고려의 충신으로 남길 원했어요.
그래서 더욱 열심히 나라의 질서를 위해 노력했지요.
지방에 자주 감독관을 보내어 잘잘못을 살피게 하였고,
가난한 백성들에게 곡식을 나누어 주었답니다.

그러던 어느 날, 이성계의 아들 이방원이 정몽주를 초대했어요.
'이 사람이 무슨 속셈으로 그럴까?'
정몽주는 마음이 꺼림칙했으나 거절할 수가 없었답니다.
이방원은 시조 한 수를 읊었어요.
'이런들 어떠하리 저런들 어떠하리……'
이 시조에는 함께 새 왕조를 세우자는 뜻이 담겨 있었어요.
묵묵히 듣고 있던 정몽주도 저 유명한 '단심가'로 답했지요.
'이 몸이 죽고 죽어 일백 번 고쳐 죽어
백골이 진토되어 넋이라도 있고 없고
임 향한 일편 단심이야 가실 줄이 있으랴.'
이 시조에는 백 번을 죽어 뼈가 가루로 부서지고, 넋이야 있건
없건 고려의 임금님을 섬기는 마음은 변치 않을 것이라는
정몽주의 굳은 결심이 담겨 있답니다.

정몽주가 돌아간 뒤, 이방원은 아버지 이성계에게 말했어요.
"새 왕조를 세우기 위해서는 정몽주부터 죽여야 합니다."
하지만 이성계는 끝내 허락하지 않았지요.
이방원은 몰래 부하들을 불러 무서운 계획을 세웠답니다.
"선지교에서 기다렸다가 처치하도록 하여라."
그 사실도 모른 채 정몽주는 궁궐에 들렀다가
집으로 돌아가기 위해 선지교 앞까지 왔어요.
'고려 왕조는 이제 돌이킬 길이 없구나. 나라를 구할 수 없을
바에야 나라와 더불어 죽는 게 의로운 일이다.'
정몽주는 말을 거꾸로 타고 가면서 깊은 생각에 잠겼어요.
날은 이미 어두워졌고, 물 흐르는 소리만 고요히 들렸지요.

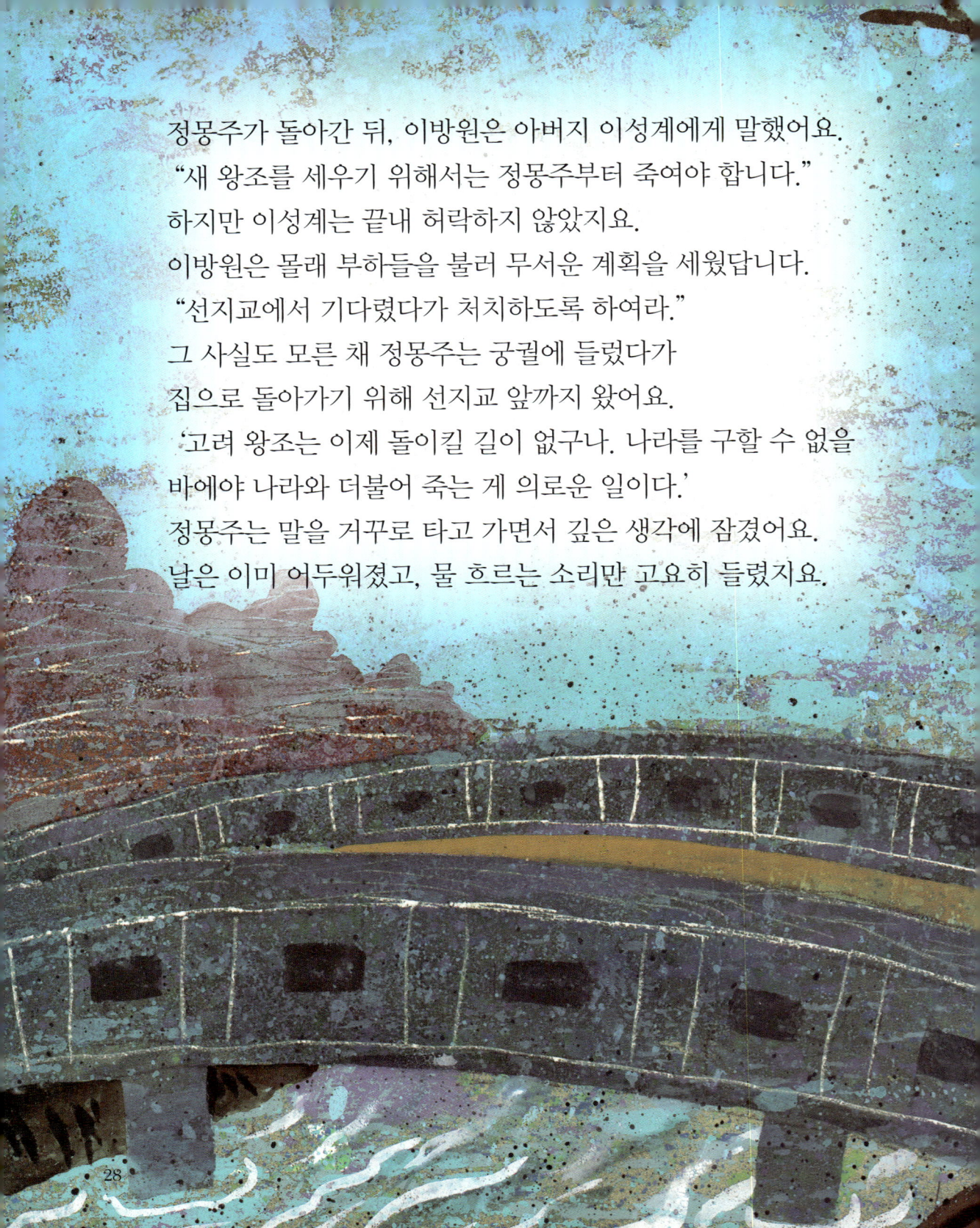

그 때, 어둠 속에서 한 사나이가 불쑥 나타났어요.
"넌 누구냐?"
깜짝 놀란 정몽주가 큰 소리로 물었어요.
그러자 사나이는 쇠뭉치로 정몽주의 등을 내리쳤어요.
순식간에 정몽주의 옷은 피로 얼룩지고 말았지요.
그 피는 곧 선지교 바닥을 적시고 냇물로 스며들었어요.
정몽주가 숨을 거둔 그 때, 그의 나이는 쉰여섯 살이었답니다.
그 뒤, 피를 흘린 선지교에 대나무 한 그루가 솟아났어요.
그래서 사람들은 선지교를 '선죽교' 라 부르게 되었답니다.
정몽주는 고려를 지키다 죽은 충신이지만, 새 왕조인
조선의 임금들조차 그의 곧은 마음을 높이 찬양했어요.
오늘날에도 우리 나라 역사에서는 정몽주를
으뜸 가는 충신으로 우러르고 있답니다.

정몽주의 발자취

(1337~1392년)

1337년	경상도 영천 동우항에서 태어남
1360년	문과에 장원 급제함
1376년	원나라와 친하게 지내자는 데에 반대하다가 귀양을 감
1377년	왜구에게 잡혀 간 고려인 수백 명을 데리고 옴
1380년	이성계 밑에서 왜구를 물리치러 감
1390년	이성계와 함께 우왕을 임금 자리에서 물러나게 하고 공양왕을 세움
1392년	이방원의 부하 조영규에게 죽임을 당함

▲ 정몽주의 '단심가'를 새긴 시비

▲ 고려의 마지막 충신 정몽주의 초상

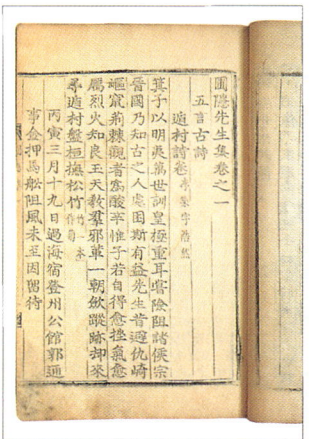

▲ 정몽주의 글을 모아 놓은 〈포은집〉

▲ 정몽주가 이방원의 부하에게 죽임을 당한 개성의 선죽교

나라를 위해 헌신한 사람들
정몽주

봄에 대한 설렘과 기대감이 느껴지는 시조 '춘흥'

정몽주는 어릴 때부터 글 솜씨가 매우 뛰어났어요. 그 중 '단심가'는 많이 알려져 있지요.
자, 이제 정몽주가 지은 다른 시조 '춘흥'을 들려 줄게요.

봄비 가늘어 방울지지 않더니
밤 되니 작은 소리 들리네.
눈 녹아 남쪽 시냇물이 불어나니,
풀 싹은 얼마나 돋아났을까.

위의 시조에는 봄에 대한 기대감이 잘 나타나 있어요. 앞부분에는 봄비 소리라는 이미지가 드러나 있지요. 그리고 뒷부분에는 작가가 상상한 새싹 돋는 봄을 그리고 있어요.
어때요? 봄에 대한 설렘과 기대감이 들지 않나요?